EL PODER DE CREER EN TI

9 pasos para aumentar tu autoestima, vencer tus miedos y aprender a quererte

Daniel J. Martin

ISBN 978-9916-9937-0-5

Aviso: Este libro ha sido creado con la intención de ofrecer información, sugerencias y orientación sobre distintas áreas de la vida, entre ellas el bienestar emocional, la salud mental, el crecimiento personal y el desarrollo de relaciones saludables. Sin embargo, no sustituye en ningún caso a la atención médica profesional o al asesoramiento de un psicólogo o terapeuta calificado. Si estás enfrentando problemas serios de salud mental o emocional, te recomendamos que busques ayuda profesional de manera inmediata.

Al final, solo nos arrepentimos de las oportunidades que no tomamos.

ÍNDICE

¡Un regalo solo para ti!

¿Te gustaría leer **mi próximo libro completamente GRATIS**? ¡Escanea el código que aparece debajo y **apúntate a mi club de lectores**!

Te esperan grandes sorpresas: sé el primero en leer mis nuevos lanzamientos, escucha mis audiolibros de forma gratuita, consigue copias firmadas y dedicadas... ¡y mucho más!

Introducción

Todos anhelamos una vida llena de éxito, felicidad y plenitud. Desgraciadamente, la mayoría de las personas nunca conseguirán experimentar estas emociones de forma sostenida y en la cantidad deseada durante la mayor parte del tiempo. Para muchos, la vida parece ser un viaje de fracaso en fracaso, de un revés a otro y de una pérdida a la siguiente. Su existencia se vuelve gris y pierden el interés por vivir.

¿Pero por qué?

En la mayoría de las ocasiones, la falta de confianza es el problema principal. No son los factores externos los que dificultan el éxito, sino el hecho de que muchas personas no confían en sus propias capacidades. De esta forma, pasan demasiado tiempo preocupados por no ser lo suficientemente buenos en lugar de centrarse en sus puntos fuertes.

¿Qué importancia tiene la confianza en uno mismo?

La autoconfianza es la diferencia más importante entre el «humano medio» y nombres como Elon Musk, Richard Branson, Steve Jobs o Jeff Bezos, por poner algunos ejemplos. Las personas que cosechan un mayor nivel de éxito son aquellas que tienen más confianza en sus habilidades y capacidades. Entienden que, aunque probablemente aparecerán obstáculos en el camino, confiar en sus habilidades impedirá que sean derrotados. Y como no pueden ser derrotados, el éxito es solo una cuestión de tiempo. Esto es lo que permitió que Thomas Edison siguiera intentándolo incluso después de haber fracasado en más de mil ocasiones intentando crear la bombilla. La autoconfianza hizo que personas como

Nelson Mandela o Abraham Lincoln reescribiesen la historia. ¡Es lo que marca la diferencia!

¿Luchas continuamente contra tu baja autoestima? ¿Tienes problemas de autoconfianza? ¿Te consideras inferior a las personas de tu alrededor? ¿Dudas de tus acciones porque crees que no eres lo suficientemente bueno? ¿Te afectan demasiado las críticas negativas? ¿Te cuesta pedir lo que quieres? ¿Te encuentras inmerso en relaciones tóxicas que no te aportan nada positivo? ¿Te gustaría saber cómo aumentar la confianza en ti mismo?

Si has contestado «sí» a alguna de estas preguntas, tienes en tus manos el libro correcto. Yo también he tenido problemas de confianza durante mi adolescencia. A menudo rehuía los encuentros sociales porque no sabía cómo actuar ni cómo comportarme. Menospreciaba mis logros y victorias comparándolos con lo que otras personas habían conseguido. No me sentía cómodo con mi cuerpo y eso se reflejaba en mi forma de hablar, caminar y hablar con los demás.

Por suerte, con el tiempo, **descubrí el modo de mejorar mi autoconfianza mediante el uso de nueve sencillas técnicas o pasos**, los mismos que estoy a punto de compartir contigo en este libro y que me transformaron por completo. Esto, unido al hecho de saber qué era lo que realmente quería, permitió que empezase a alcanzar mis objetivos y mis niveles de confianza se dispararon por las nubes. Decidí escribir este libro para compartir esos nueve pasos, que yo tardé demasiados años en averiguar, con aquellas personas que se encuentren en la misma situación y necesiten de una guía o estímulo para aumentar su autoconfianza y vivir una vida plena y feliz.

La confianza en uno mismo es quizás el factor más importante a la hora de alcanzar la verdadera felicidad, paz interior y satisfacción. Ni siquiera el éxito puede llenar el vacío que una baja autoconfianza crea en nuestra mente. Conozco a muchas personas de «éxito» con problemas de confianza. Viven continuamente preocupados por lo que la gente piensa de ellos. Esta falta de confianza les priva de conseguir la verdadera satisfacción. Del mismo modo, conozco personas «sin éxito» con tanta confianza en sí mismas que disfrutan de vidas plenas y básicamente no hay nada que las detenga y les impida alcanzar su destino.

Así que... ¿estás listo para comenzar tu viaje hacia una increíble autoestima y autoconfianza?

En este viaje solo necesitas dos cosas – conocimiento y acción. Yo me ocuparé de proporcionarte el **conocimiento**. Este libro será tu guía. Las técnicas que explico son fáciles de aplicar y mantener. También han demostrado que funcionan – millones de personas las han empleado con resultados sorprendentes. Sin duda, también funcionarán para ti. Sin embargo, eres tú quien tiene que actuar y pasar a la **acción** para que se conviertan en hábitos con el poder de proporcionarte la vida que siempre has soñado. Como dijo Pablo Picasso: «La acción es la llave fundamental de todo éxito».

El secreto de la autoconfianza es saber exactamente lo que quieres y actuar de la manera que te acerque a donde quieres estar.

¡Buena suerte!

Entendiendo la autoconfianza

«Ámate a ti mismo primero y todo lo demás llegará por sí solo.»

— Lucille Ball

El Dalai Lama afirma que uno puede cambiar el mundo si cree en su potencial y tiene la suficiente confianza en sí mismo. Estoy totalmente de acuerdo con él y considero que muchas veces la autoconfianza juega un papel incluso más importante que el potencial. La confianza es posiblemente la cualidad más importante que determina nuestro éxito o nuestro fracaso – especialmente en nuestra sociedad moderna.

Muchas personas con talento nunca alcanzan el éxito – hay innumerables ejemplos de ello.

Probablemente hayas oído hablar de muchos genios cuya falta de confianza se interpuso en su camino. A menudo, la diferencia entre dos deportistas de talento similar es tan solo su nivel de confianza. Por eso solemos escuchar que un atleta de éxito tiene «mentalidad ganadora». Una mentalidad ganadora no es otra cosa que la confianza en sus más altos niveles.

La falta de confianza impedirá que alcancemos nuestro máximo potencial. La confianza es el resultado de nuestras experiencias vitales, que condicionan la mente a una determinada forma de pensar y ver la vida. Las personas con poca confianza en sí mismas tienen demasiada negatividad en sus pensamientos. Su miedo al fracaso les impide vivir plenamente y aprovechar muchas oportunidades que la vida les presenta.

La mayoría de las personas tiene algún problema de confianza, ya sea por una baja autoconfianza o por un exceso de ella. No debería sorprendernos que la falta de confianza sea uno de los problemas más comunes en nuestra sociedad. Estamos tan metidos en la vida y en los asuntos de otras personas que las opiniones ajenas terminan minando nuestra autoestima. La baja autoestima también puede desarrollarse en la infancia como fruto de una educación disfuncional o estilos de crianza tóxicos. Por eso, hay que cuidarla en todo momento y a todas las edades.

Todo el mundo tiene problemas de baja confianza en algún momento de su vida. Sin embargo, el verdadero problema está en las personas que tienen una baja confianza en sí mismas de forma permanente. Personas para las que la falta de confianza se ha convertido en parte de su ser. Estas personas suelen ser tímidas, sumisas y pasivas. Se frenan a la hora de emprender cualquier acción hacia sus sueños mientras la vida les pasa por delante. Este miedo irracional se produce cuando uno mismo se subestima o cuando se sobreestima a los demás.

En la otra cara de los problemas de confianza se encuentra la arrogancia, que es la sobreestimación de las propias capacidades y la subestimación de los otros.

La autoconfianza nace del autoconocimiento. Es la seguridad en tus habilidades y capacidades para afrontar los retos que la vida te presenta. Entender que nuestras acciones generarán recompensas, y que estas pueden ser favorables o no, nos permitirá superar el miedo a cometer errores, fracasar o ser criticados en el transcurso de la búsqueda de lo que queremos. Sin embargo, la confianza debe estar respaldada por la superación personal. De hecho, se puede definir la confianza en uno mismo como el equilibrio entre el autoconocimiento y la superación personal. La única forma de ganar confianza es asumir retos y mejorar tus habilidades.

Aumentar la confianza en ti mismo, mejorará tu vida personal y profesional, mental y física, y tus relaciones en general con las personas que te rodean.

Por qué deberías desarrollar mayor confianza en ti mismo

La autoconfianza te da el valor necesario para perseguir aquello que quieres. Es ese sentimiento de fe en ti mismo que te permite alcanzar tus mayores objetivos. Es la facultad capaz de cambiar tu vida por completo.

1. Te hace más asertivo.

La confianza te permite establecer límites de forma adecuada y en el momento oportuno. Dejarás de tolerar que te tomen el pelo y serás capaz de decir no sin remordimientos. Una persona segura de sí misma sabe defenderse sin intimidar a los demás. La confianza te ayudará a decidir lo que quieres y te dará la asertividad necesaria para exigirlo.

2. Te ayuda a tomar el control de tu vida.

Las personas con poca confianza en sí mismas suelen vivir según el criterio de los demás. Son incapaces de tomar las decisiones que la vida les exige. La confianza te enseñará cómo dejar de bailar al son de otras personas. Mejorarás en la toma de decisiones, serás capaz de hacer lo que te hace feliz y harás las cosas en su momento y a tu manera.

3. Reduce el miedo a las críticas y al rechazo.

Podrás acercarte sin miedo a esa persona que te gusta, a un cliente potencial o solicitar ese puesto que tienes en mente. La confianza te permitirá exponerte sin reparo y dejarás de temer lo que la gente diga, piense o haga. El miedo al rechazo apoyado por unos bajos niveles de confianza puede impedirte actuar. Al mejorar tus niveles de confianza, lograrás acabar con los miedos irracionales.

4. Te hace más valiente y resiliente.

La confianza te empujará a poner a prueba tus límites y a soñar en grande. Te permitirá luchar por los deseos que dicte tu corazón a pesar del fracaso y las dificultades. Serás capaz de manejar mejor la presión y no te asustará el volver a empezar. Y lo que es más importante, el miedo a cometer errores ya no será un obstáculo para ti.

5. Mejora tu vida.

La vida cobrará un mayor sentido y será más interesante y satisfactoria. Tu propósito vital será más fácil de comprender y de perseguir. La confianza aumentará tu compasión y tu empatía por los demás, siendo capaz de tener un mayor impacto en las vidas de los que te rodean.

6. Aumenta tu felicidad.

La confianza viene acompañada de un pensamiento más positivo, que acallará la negatividad y te hará una persona más feliz en los diferentes aspectos de tu vida. Obtendrás una mayor paz mental, lo que facilitará la superación del miedo al identificar siempre el lado bueno de las cosas. Un individuo seguro de sí mismo es un individuo feliz. Por el contrario, muéstrame a un hombre que lucha con su confianza y autoestima, y te mostraré a un hombre desdichado.

7. Incrementa tus posibilidades de éxito.

La confianza mejorará la seguridad en tu potencial y en tus habilidades. Aumentará la probabilidad de que pases a la acción y te permitirá evaluar mejor tus capacidades y los requisitos ante un determinado desafío. De este modo, mejorarás tus posibilidades de éxito;

porque estarás mejor preparado y porque será más probable que aproveches las oportunidades que se te presenten.

8. Te hace más atractivo.

Todos nos sentimos atraídos por una persona segura de sí misma. La autoconfianza se reflejará en tu lenguaje corporal y en tu capacidad para mantener una conversación, lo que te hará más deseable ante posibles jefes, socios o parejas. A todos nos gustan las personas seguras de sí mismas porque nos encanta el hecho de que parecen tenerlo todo siempre bajo control.

9. Potencia tus capacidades de liderazgo.

No puedes convencer a los demás de que confíen y crean en tus capacidades si tú mismo no lo haces. La confianza aumentará tu autoestima y esta se contagiará a las personas que están bajo tu mando. Esto te permitirá tomar mejores decisiones y mantener a tu equipo más motivado.

Resumen del capítulo

No importa cuánto te digas a ti mismo que tienes que hacer algo o cambiar alguna cosa en tu vida. Si no tienes la confianza necesaria para afrontar dicha tarea, será prácticamente imposible que lo consigas. La confianza empieza desde dentro. Una vez que la tienes, las cosas resultan mucho más fáciles, pues te transformas en una persona más asertiva, tus cualidades de liderazgo mejoran, te vuelves más atractivo y tu motivación para perseguir y alcanzar tus objetivos se vuelve inquebrantable.

PASO 1

Acepta quien eres

«Sé quien eres y di lo que sientes, porque a aquellos a quienes les molesta no importan, y a quienes les importas no les molesta.»

— Dr. Seuss

Aceptar quién eres es el primer paso hacia la autoconfianza. Pero, para poder abrazar lo que eres, primero tienes que saber quién eres. No abrazarías a un completo desconocido, ¿verdad? Por tanto, lo primero es entender quién eres realmente.

La mayoría de las personas, a la pregunta «¿Quién eres?», responde dando su nombre o cualquier otro medio de identificación, como el cargo que ocupa. Esto es correcto, ya que el objetivo de esta pregunta suele ser conocer la identidad de la persona. Pero, ¿responden nuestros nombres, nuestros documentos de identidad o nuestras profesiones a la pregunta de quiénes somos realmente?

Responder a la pregunta de quiénes somos, ciertamente requiere de algo más que decir nuestro nombre y apellidos. Además, sin duda, se necesitaría mucho más que una única respuesta. Esto es así porque son muchos los factores que contribuyen, en su conjunto, a que seamos lo que somos. Para simplificar, podríamos clasificar estos factores en genéticos y ambientales.

Los factores genéticos dan lugar a los rasgos de carácter que podemos obtener por herencia, como el color de ojos, los hoyuelos, el pelo liso o rizado, etc. No sólo heredamos el aspecto de nuestros padres, sino también los rasgos cognitivos y mentales. Los factores ambientales, en cambio, son adquiridos. Además, estos rasgos casi nunca son físicos. Un buen ejemplo sería la orientación cognitiva de una persona como resultado de dónde y cómo creció. Lo que quiero decir es que «lo que uno es» depende de un gran número de factores y que estos pueden clasificarse dentro de estos dos grupos.

Descubre quien eres realmente

Dado que ya conoces los factores que contribuyen a modelar lo que uno es, podrías pensar que hablar de descubrir quién eres puede resultar redundante. Sin embargo, la lucha por averiguar quiénes somos realmente no es fácilmente deducible, basándonos únicamente en estos factores – para la mayoría de las personas. Como seres humanos, afrontamos nuevos retos cada día: trabajamos, estudiamos, aprendemos y desaprendemos, acertamos, nos equivocamos, etc. De esta forma, al experimentar situaciones nuevas con regularidad, en realidad seguimos descubriéndonos a nosotros mismos. En otras palabras, seguimos averiguando continuamente quiénes somos. La mayoría de los factores que afectan a quienes somos pertenecen a la categoría del entorno, por lo que nuestra personalidad se basa principalmente en nuestras experiencias y en cómo reaccionamos ante ellas.

Incluso en cuanto a los factores genéticos, también seguimos descubriéndonos continuamente. Esto es así porque, a veces, tenemos rasgos heredados que desconocemos hasta que nos enfrentamos a situaciones de nuestra vida que los ponen de manifiesto. La mayoría de los rasgos de este tipo serían cognitivos. Por ejemplo, si eres muy bueno en contabilidad, puede que no lo descubras hasta que te expongas a una situación o entorno que requiera del uso de esas habilidades. De esta forma, el entorno también afecta a los factores genéticos.

Para descubrir quién eres realmente, debes ser más aventurero. Sal más a menudo, conoce a gente nueva, participa en más actividades... Las grandes experiencias capaces de cambiar tu vida ocurren cuando sales de tu zona de confort. Viaja a ese lugar que siempre has querido visitar, acude a ese evento o cita que te has planteado cancelar, atrévete a ir solo a ver esa película en la que has estado pensando, ... No sabes lo mucho que estas cosas, por pequeñas que parezcan, pueden darte una nueva visión de tu personalidad.

Como ya he dicho, todas estas experiencias, nuestros rasgos genéticos y los factores ambientales nos convierten en quienes somos. Sin embargo, existen muchos otros elementos que debemos tener en cuenta y que nos hacen únicos. Reflexiona sobre todo aquello que te gusta y sobre lo que no te gusta: comida, lugares, música, películas, deportes, juegos, arte, moda... Toma nota de todo, sólo así podrás llegar a conocerte de verdad.

Abraza lo que eres

Hemos visto que nunca dejamos de descubrir quiénes somos, pero eso no invalida lo que hemos averiguado de nosotros mismos hasta ahora. Hoy tienes una personalidad que se deriva de los factores genéticos y ambientales que han afectado a tu existencia hasta este momento. Por lo tanto, ahora tienes una personalidad determinada que debes aceptar y que debes querer. Abraza tu personalidad. El primer paso para construir una confianza inquebrantable en ti mismo es muy importante y consiste en algo tan sencillo como amar lo que eres.

¿Qué significa exactamente amar lo que eres? En tu personalidad, sin duda, vas a encontrar ciertos defectos, es decir, rasgos que representan una debilidad que puede dejarte en desventaja. Básicamente, quererte a ti mismo implica amar esos defectos. Tus defectos pueden ser físicos, como tener una nariz muy grande o estar demasiado delgado. También pueden ser más abstractos, como no sentirte tan inteligente como el resto de tus compañeros. Es fácil amar las partes de ti mismo que son rápidamente aceptadas y resultan atractivas para los demás, como una sonrisa bonita o una personalidad extrovertida. Estos atributos cautivan a las personas y hacen que se sientan atraídas por ti, por lo que es fácil hacer que tu personalidad gire en torno a ellos, pero ¿qué pasa con las partes de ti que no gustan a los demás?

Centrarnos en nuestros puntos fuertes (los atributos generalmente aceptables y atractivos) está bien, ya que puede ser bueno para nuestra confianza. Pero, aunque te centres en tus puntos fuertes, no podrás evitar que de vez en cuando tus defectos acaben saliendo a la luz. La mayoría de las personas con poca confianza y baja autoestima se hunden cuando sus defectos quedan al descubierto. Eso supone un duro revés para la autoconfianza que se habían encargado de construir alrededor de sus virtudes. De esta forma, acaban sintiéndose todavía peor y su confianza se desmorona.

No puedes seguir haciéndote esto. Incluso aunque te esfuerces por mejorarlos – lo cual es estupendo – tienes que entender que tus debilidades forman parte de ti. Algunos de tus defectos ni siquiera dependen de ti; poco o nada puedes influir en tu aspecto o en tus habilidades cognitivas. Entonces, ¿por qué les otorgas tanta importancia? Lo mejor que puedes hacer es tomar medidas para minimizar sus efectos en ti y no permitir que se conviertan en una fuente de negatividad.

Sin embargo, cuando tus defectos afectan negativamente a las personas que te rodean, sí se hace necesario un cambio. Un buen ejemplo son los problemas de ira. La ira no es un defecto que debas aceptar, pues puede acabar causando daños, tanto físicos como psicológicos, a las personas que te rodean. No la aceptes con la excusa de intentar amar lo que eres. Si es necesario no dudes en buscar ayuda profesional.

Otra forma de aceptar quién eres sería no intentar ser como otra persona. Muchos fingen tener una personalidad diferente (generalmente imitando la de alguien a quién ellos mismos admiran) para ganarse el afecto o el respeto de los demás. La impresión que creas con esta personalidad simulada se acaba pronto porque sólo puedes fingir durante un tiempo. Y cuando se acabe, la confianza en ti mismo caerá aún más bajo y te sentirás todavía peor contigo mismo; con una menor disposición y motivación para lograr tus objetivos.

La mejor manera de mejorar tu autoconfianza es ser tú mismo. No finjas que te gusta lo que no te gusta ni participes en actividades que no te interesan por el simple hecho de agradar a otros. No finjas lo que no eres: pues esto daña lo que eres realmente.

Aceptarte a ti mismo también implica ser honesto con lo que eres; conoces tus límites, sabes lo que puedes hacer y lo que no, sabes lo que te gusta y lo que desprecias. No trates de ocultarlo. No te disculpes por ser quien eres. En la medida en que tu personalidad no afecte negativamente a los demás, lo que la gente diga no importa. Esto contribuirá en gran medida a fomentar tu autoconfianza y a hacer de ti una persona extraordinaria.

Resumen del capítulo

Si vas a sacar una sola lección de este libro, que sea «sé tú mismo». La causa fundamental de la falta de confianza en uno mismo suele ser el hecho de no sentirse cómodo con lo que uno es o lo que representa. ¿La solución? Sé tú mismo: averigua qué te gusta y quién eres, y luego aprende a quererte. No cometas el error de intentar ser como otra persona. No pretendas ser quien no eres. En lugar de eso, céntrate en mejorar gradualmente – tanto aquello que te gusta de ti como lo que no te gusta tanto – mientras sigues sumando victorias en tu viaje de autodesarrollo.

Como decía Steve Jobs: «Tu tiempo es limitado, así que no lo malgastes viviendo la vida de otra persona.»

PASO 2

Enfréntate a tus miedos

«No tengas miedo de tus miedos. No están ahí para asustarte. Están ahí para hacerte saber que algo vale la pena.»

— C. JoyBell

No hay hombre sin miedo porque el miedo forma parte de lo que nos hace humanos. Entonces, ¿por qué decir que una persona no tiene miedo? Ser valiente no significa no tener miedo, significa dominar, conquistar y ser más grande que el miedo. El miedo es tan solo una medida de protección que nos dice que nos preparemos para algo que está por llegar.

Cuando estudiamos nuestra evolución, nos damos cuenta de que hace tan solo algunos miles de años no éramos la gran especie dominante sobre la Tierra que somos hoy. Tan solo éramos presas; nuestra capacidad de ver más tonos de verde que de ningún otro color lo demuestra. El verde es el color predominante en la naturaleza. Esta característica de nuestra visión nos facilitaba la detección de un depredador escondido entre los árboles o entre la hierba. También nos ayudaba a encontrar comida y distinguir qué era comestible de lo que no lo era. Como nos sugiere la evolución natural, esta habilidad nació de la necesidad de supervivencia o, dicho de otro modo, del miedo a extinguirnos. Por lo tanto, necesitamos el miedo – este nos indica cuándo debemos huir o luchar.

El problema con el miedo es que puede llevar su labor de protección hasta un punto en el que nos vuelve irracionales. En este punto todo parece suponer un peligro y todo lo oculto o desconocido se convierte en una amenaza. Te asusta tanto lo desconocido que no puedes actuar cuando aparecen las oportunidades. Entonces, la preocupación se apodera de ti y tu confianza empieza a decaer. De esta forma el miedo empieza a dominarte, te controla y paraliza y se hace cada vez más fuerte, creando un monstruo indomable.

En estas circunstancias es imposible desarrollar confianza en uno mismo. El miedo genera demasiadas dudas y hace que dejes de creer en ti. Para solucionarlo, permíteme darte algunos consejos.

Cinco sencillas estrategias para enfrentarse a tus miedos

1. Identifica tu miedo.

El miedo se construye a partir de las expectativas de resultados negativos y se manifiesta en la forma «y si...». Nuestros dos mayores miedos son el miedo al fracaso y el miedo al rechazo. Podría enumerar más, pero solo estos dos hacen más daño que todos los demás juntos. El miedo al fracaso nos ha privado de muchas innovaciones y de grandes ideas, mientras que el miedo al rechazo ha destruido muchas relaciones antes incluso de que empezaran. Debes identificar tu miedo antes de poder dominarlo.

El problema es que el miedo sabe cómo esconderse. Por eso, sería perder el tiempo discutir sobre los tipos de miedo. En su lugar, trata de encontrar una palabra o situación que describa tu miedo. No importa lo extraña que sea esta palabra o situación, siempre que puedas identificarla con claridad. Este nivel de comprensión es el primer paso para conseguir que el miedo pase de ser una pesada lacra a la herramienta indispensable para nuestro desarrollo que se supone que debe de ser.

2. Deséalo con todas tus fuerzas.

Hacer lo que debes se llama cumplir una obligación, mientras que hacer lo que quieres se llama aprovechar una oportunidad. Ambos sabemos por cuál optarías si te dieran a elegir. Te entusiasmas cuando tienes una oportunidad, y sólo hay un ganador cuando el entusiasmo y el miedo se encuentran. El primero siempre se impone. Cuando algo nos entusiasma, el cuerpo libera dopamina; un neurotransmisor responsable de nuestro bienestar, nuestra motivación para emprender acciones nuevas y de proporcionarnos recompensas en el momento de tomar decisiones para hacer algo. Por tanto, cuando hacemos lo que queremos, lo que nos entusiasma y nos emociona, tenemos más oportunidades de vencer el miedo que nos impide alcanzar nuestros objetivos.

¿Significa esto que sólo debes hacer aquello que te entusiasma? Por supuesto que no. Significa que puedes superar el miedo encontrando algo emocionante en lo que tienes que hacer. Una cosa positiva es suficiente. Por suerte, siempre hay algo bueno en todo. Aprenderás más sobre esto cuando lleguemos al capítulo de pensamiento positivo. Por ahora, basta con que sepas que la positividad supera a la negatividad. Así que, si lo deseas con fuerza, encuentra algo positivo al respecto y estarás más cerca de superar tus miedos.

3. No camines solo.

No me cansaré de repetir la importancia de contar con personas valiosas en tu vida: personas que apoyen tus proyectos, celebren tus victorias, te motiven o, simplemente, estén ahí cuando las necesites. Todos necesitamos un hombro sobre el que apoyarnos y un oído en el que desahogarnos. Sin embargo, recuerda que muchas personas también pueden tratar de sabotearte. Lee con detenimiento el capítulo sobre cómo manejar las críticas. Es bueno estar acompañado en tu camino y disponer del punto de vista de otra persona, pero siempre procurando alejarnos de la negatividad. Por tanto, trata de rodearte únicamente de personas positivas que aporten valor a tu vida y no al revés.

4. Ama lo desconocido.

El miedo es el temor al cambio, a lo desconocido, a la posibilidad de resultados poco favorables. Sin embargo, lo desconocido es la parte más emocionante de estar vivo. Si te encierran en una habitación durante tan solo unas pocas horas te vas a aburrir soberanamente. Imagina cómo se sienten los presos. Ninguno de nosotros, seres vivos y libres, deberíamos tener miedo al cambio.

Sé que procuras mantenerte alejado de todo aquello que te genera algún grado de malestar o incomodidad, pero no debería de ser a costa de perderte las cosas extraordinarias que ofrece la vida.

Piensa en la primera vez que te enamoraste. ¿Recuerdas la sensación de sentirte completamente invencible y vulnerable al mismo tiempo? ¿O el sentimiento maravilloso de saber que alguien te protege y se preocupa por ti sin motivo aparente? Nunca habrías experimentado algo así si no hubieras tenido el valor de abrirte a otro ser humano. Las recompensas sólo llegan cuando decidimos pasar a la acción.

Puede que tu vocecita interior te diga que el amor está sobrevalorado o que enamorarte te conducirá inevitablemente a que te acaben rompiendo el corazón. Pero, ¿sabes qué? Tanto el amor como el desamor forman parte inexorable del ser humano. Creo firmemente que a todo el mundo deberían romperle el corazón al menos una vez en la vida. Dicho desamor no tiene por qué provenir de una pareja sentimental. La tristeza, el desamor, el fracaso, son palabras que nos causan pavor pero que sólo duran un tiempo. Las superarás y gracias a ello te convertirás en una mejor versión de ti mismo.

¡Sal ahí fuera y arriésgate! Haz hueco a lo desconocido. Reza por que este te aporte experiencias extraordinarias, pero prepárate para recibir algún que otro revés. Fracasa y vuelve a intentarlo. Esa es la única manera de seguir creciendo.

5. Actúa.

Nada de lo que has aprendido en este libro te servirá absolutamente de nada si no tomas las acciones necesarias que te acerquen a tus objetivos. Sé que esta es la parte difícil, pero nunca llegarás a ningún sitio si no das ese primer paso. Fracasar no es lo peor que puede pasar, y te diré algo, la mayoría de tus ídolos – me atrevería a decir todos ellos – han fracasado en multitud de ocasiones. El fracaso no es el fin; apenas es el principio. Es tan solo un paso intermedio y necesario en el camino para alcanzar tus objetivos. Cuanto más haces algo, más confianza adquieres en ti mismo. Del mismo modo, cuanto más huyes de aquello que desconoces, más crece tu miedo. El hecho de actuar en sí mismo es un potente generador de autoconfianza. Te harás más fuerte y mejor con cada intento. Michael Jordan no encestó todos sus tiros ni ganó todos los partidos, y sin embargo lo consideramos el jugador más grande de todos los tiempos.

A menudo le digo a la gente que la confianza tiene que ver más con el viaje que con el destino. Lo cierto es que la confianza es la capacidad de aceptar que no sabes hacer algo, pero creer que puedes aprender y mejorar. La confianza consiste en aceptar tu imperfección. ¡Pero ojo! aceptarla no significa que no te esfuerces por ser mejor. Debes practicar para así poder superarte cada día. Los profesionales lo llaman la mentalidad de crecimiento.

Tomar acción de forma inteligente aumentará tus posibilidades de éxito. Esto es tan sencillo como: estar preparado y empezar por pequeños pasos. Tus victorias serán menores, pero tu confianza crecerá a medida que vayas cosechando pequeños éxitos. Por ejemplo, supongamos que quieres dar un discurso en público. En primer lugar, te sugeriría que nunca te subieras al escenario sin tu discurso preparado y por escrito. Entonces, lo primero será escribir y reescribir tu discurso hasta que quedes satisfecho con el resultado. El siguiente paso sería practicar el discurso delante de un espejo y, más tarde, probarlo con tus amigos. Este planteamiento te ayudará a realizar pequeñas y continuas mejoras antes del día D. A esto yo lo llamo un plan inteligente, porque el éxito suele ser la acumulación de múltiples victorias en lugar de un único gran triunfo. Así que deja de poner excusas. El miedo es una oportunidad excelente para poner a prueba tu valor y tus límites.

Resumen del capítulo

Todos somos humanos y es perfectamente normal tener miedos. Esto no significa que debas dejar que tus miedos te controlen, porque el miedo es solo un obstáculo hacia el éxito cuando permites que este se apodere de tu vida. El miedo no es necesariamente algo malo en sí mismo. Se convierte en algo malo dependiendo de cómo dejes que este te afecte. Puedes conquistarlo identificando qué es aquello que temes, amando lo desconocido, rodeándote de las personas adecuadas, deseándolo lo suficiente y tomando las acciones necesarias que te acerquen a tus objetivos.

PASO 3

Piensa en positivo; silencia esa vocecita de tu cabeza

«El optimista ve lo invisible, siente lo intangible, y logra lo imposible.»

— Winston Churchill

¿Qué hace que una persona sea optimista y otra pesimista? ¿Por qué algunas personas ven el vaso medio lleno y otras lo ven medio vacío? La vocecita de tu cabeza es la responsable. Influye en tus emociones, tu actitud y tu bienestar.

Esta voz interior se va formando a través de nuestras relaciones con otros seres humanos. Entre estos se incluyen todos los miembros de nuestra familia y amigos, por supuesto, pero las figuras de autoridad como los padres, tutores o profesores son las que normalmente ejercen una mayor influencia. Durante nuestro desarrollo como personas adultas vamos internalizando estas influencias y se convierten en parte de nuestra personalidad.

Tu voz interior actúa como una sombra tóxica e ineludible de tu consciencia; un enemigo que conoce tus debilidades y las explota; un crítico interior que ataca tu confianza, tu autoestima, tus relaciones, tu salud y tu estado de ánimo. Con cada ataque se hace más fuerte; cada duda o titubeo aumenta su poder sobre ti, socavando tu autoestima y creando una visión pesimista del mundo. La única salida consiste en adoptar un pensamiento positivo. Por suerte, es algo que puedes aprender.

Algunas personas piensan, equivocadamente, que el pensamiento positivo consiste en ignorar a tu conciencia. Sin embargo, de lo único que se trata es de ser optimistas, de ver el lado bueno de las cosas. Es decir, lo contrario de lo que hace la mayoría de la gente: ver lo malo de cada situación. ¿Por qué no intentarlo? Las personas optimistas son las más felices y satisfechas. Tienen confianza en sí mismos, conocen sus objetivos y trabajan para alcanzarlos. Imagino que no te importaría tener estas cualidades, ¿verdad?

La vida ya es lo suficientemente dura como complicárnosla más nosotros mismos. Imagina cuán sencilla puede ser la vida para una persona que ve la oportunidad en cada problema y para otra que ve el problema en cada oportunidad. ¿Tan difícil es buscar lo bueno en cada situación o persona? ¡Pues díselo a tu voz interior! Esta separa a los optimistas de los pesimistas, y a las personas felices, seguras de sí mismas, asertivas y motivadas de las demás.

Tanto el pensamiento positivo como el negativo afectan a la mente para bien o para mal, respectivamente. La ciencia ha demostrado que los pensamientos con los que alimentas tu mente afectan a tu cuerpo. Así que las consecuencias de tus pensamientos van más allá de los efectos mentales y se extienden a tu salud física. Las personas optimistas son más creativas, viven más tiempo, son más resistentes a las enfermedades, se curan más rápido y toleran mejor el dolor; todo esto y mucho más sin ningún efecto secundario.

Nueve sencillos consejos para ayudarte a pensar en positivo

Aprovechar el poder del pensamiento positivo es sencillo en teoría, pero requiere de mucha fortaleza y disciplina. Si lo consigues, todo es posible. Estás intentando cambiar una forma de recibir, procesar y reaccionar ante la información. Una mentalidad que ha formado parte de ti desde que tienes uso de razón. Ya has dado un primer paso al comprender que la voz interior es una parte de ti que reclama tu atención. Tu niño interior que grita «yo, yo, yo» tiene miedo de que lo dejes atrás.

¿Dejarás que un niño te controle o asumirás la responsabilidad de tus pensamientos y tus acciones? Como ya sé tu respuesta, he preparado estos consejos para ayudarte.

1. Reconoce tus pensamientos

Antes de poder aprovechar el poder del pensamiento positivo, primero hay que aprender a identificar tus pensamientos negativos, lo que solo puede hacerse prestando más atención a lo que pasa por tu cabeza. Por la mente de una persona pasan más de 60.000 pensamientos al día; la mayoría de ellos son recurrentes, por lo que nos pasan inadvertidos. Por lo tanto, debes tratar de encontrarlos de forma activa. Los pensamientos negativos generados por tu voz interior suelen pertenecer a una de las siguientes categorías:

- **Autoculpabilidad**: te culpas a ti mismo por cosas que están fuera de tu control.

- **Error del adivino**: Sacar conclusiones apresuradas de algo que aún no ha pasado. «Mañana voy a fracasar en la reunión».

- **Lectura de mente**: Creer que sabes lo que están pensando los demás. «Seguro que está pensando que soy un desastre».

- **Pensamiento catastrófico**: Exagerar los peligros y empequeñecer nuestros recursos para hacerles frente. «Si suspendo este examen seré incapaz de sacar el curso adelante».

- **Atención selectiva**: Como si nos pusiéramos unas gafas de sol con las que vemos una realidad más oscura, sacando de contexto unos detalles e ignorando otros, haciendo una interpretación general de un aspecto particular. «Hoy no me ha saludado mi vecino, es un maleducado».

- **Pensamiento dicotómico**: Blanco o negro, sin pasar por la escala de grises. «No valgo para nada».

- **Descalificación de lo positivo**: Normalizar o minimizar las cosas buenas sin darles su valor adecuado. «Lo que he conseguido no tiene mérito, ha sido muy fácil».

- **Etiquetado**: Juzgar algo en base a un criterio concreto. «No le dije lo que pensaba, soy un cobarde».

- **Razonamiento emocional**: Considerar que lo que sentimos es una realidad. «Me siento inadaptado en clase, por lo que debo ser inútil socialmente».

2. Reexamina los hechos

¿Qué es lo peor que puede pasar? Los pensamientos son nuestra percepción de la realidad; sin embargo, muchas veces esa percepción está distorsionada. La voz interior ha influido negativamente sobre nuestra visión de las cosas. Trata de echar un nuevo vistazo fresco y objetivo de los hechos.

Si tu voz interior te dice que no vas a conseguir el puesto, analiza de nuevo los hechos. ¿Por qué no vas a conseguirlo? ¿Acaso no cumples los requisitos o no te sabes las preguntas? Coge una hoja de papel, traza una línea en medio y anota a cada lado los hechos a favor y en contra de este pensamiento negativo. ¿Y ahora? ¿El pensamiento negativo estaba en lo cierto? Cada vez que te asalte la duda, recupera tu confianza valiéndote de un análisis objetivo de los hechos.

3. Sigue adelante

La vida no es un camino de rosas. Tendrás días malos y cometerás errores. Rememorarlos continuamente sólo dará a tu crítico interior nuevas armas con las que atacarte. Piensa en el acontecimiento que te preocupa y reflexiona sobre lo que salió mal, pero ten en cuenta que por más vueltas que le des no puedes cambiar lo sucedido. En todo caso, tan sólo puede hacer que te sientas peor.

El truco para acabar con este círculo vicioso está en encontrar una actividad que te distraiga. No intentes dejar de pensar en lo ocurrido pues tan solo te hará volver a rememorarlo, lo que dificulta el seguir adelante. Te sugiero que salgas a pasear, que empieces una tarea diferente, que medites o que retomes algún hobbie.

4. Equilibra aceptación y crecimiento

El pensamiento positivo exige que reconozcas tanto tus puntos fuertes como tus puntos débiles. Sin embargo, hay una diferencia entre aceptar tus defectos y sucumbir a ellos. Debes entender que eres un proyecto en desarrollo, y reconocer tus debilidades es el primer paso hacia tu nuevo yo. Como seres vivos, debemos seguir creciendo y evolucionando, y con el crecimiento viene la mejora.

5. Prueba con palabras más amables

Tu pensamiento se ve afectado por el tipo de palabras que lanzas a tu mente o que pronuncias por tu boca. Estas palabras, ya sean dirigidas a ti mismo o a los demás, afectan a tu estado de ánimo. En una conversación, además, tus palabras también afectan a la forma en que la gente te responde.

En primer lugar, debes reconocer las palabras negativas de tu vocabulario antes de esforzarte por cambiarlas. Identifica las palabras que utilizas para describir y etiquetar tus sentimientos. ¿Estás aterrorizado por ese examen o simplemente estás nervioso? ¿Estás cabreado con Robert o solo estás molesto? Observa que las primeras etiquetas son más negativas e intensas desde el punto de vista emocional.

Te sugiero que hagas una lista de las palabras negativas que utilizas con más frecuencia cada día. A continuación, escribe a su lado una alternativa positiva o menos negativa. El siguiente paso es tratar de introducir estas nuevas alternativas en tu vocabulario. Puede que al principio te cueste un poco, pero a medida que lo practiques, tu mentalidad irá cambiando y empezarás a hacerlo de forma inconsciente.

6. Sonríe más

Trata de buscar el lado divertido de las cosas. Los estudios demuestran que sonreír te hace ser más positivo. Las sonrisas genuinas son más eficaces, pero incluso una sonrisa fingida ayuda, pues tu cerebro no es capaz de ver la diferenciarlas y liberará endorfinas igualmente.

7. Rodéate de gente positiva

La gente que te rodea influye en tu mentalidad; su actitud general ante la vida se te contagiará. Si te rodeas de personas que se proponen objetivos, te volverás más ambicioso. Del mismo modo, la compañía de personas negativas aumentará tu nivel de estrés.

8. Persevera

Al principio, puede parecer que no hay mucho progreso. Incluso después de haber sustituido tus inseguridades por sentimientos positivos más productivos, la vida seguirá poniéndote a prueba. Si realmente quieres empezar a vivir una vida positiva, nunca debes darte por vencido. Comprométete a actuar todos y cada uno de los días. Crea un ritual diario, ten un mantra, medita... cualquier cosa que te ayude a mantenerte enfocado. Tu voz interior ha permanecido libre durante años. Se necesita tiempo para domarla.

9. Avanza

Tu crítico interior no va a desaparecer. Ni tampoco deberías querer que lo haga, pues lo necesitas para mantener los pies en la tierra. Sin embargo, es como un niño pequeño, al que todo cambio le asusta y tiene miedo de lo desconocido. Pero no debes permitir que se salga con la suya. Tú debes ser el adulto y tomar las riendas.

Al comprender el papel de tu voz interior en las emociones negativas, puedes encontrar el equilibrio entre escucharla y controlarla. Cuando lo consigas, te volverás más confiado y asertivo. Entonces la vida tendrá más sentido y será más satisfactoria.

Resumen del capítulo

La negatividad es una semilla nociva que, si se deja crecer, puede contaminar todos los aspectos de tu vida. Para evitar que la negatividad te controle y arrase con todo debes poner en práctica el pensamiento positivo. Para pensar en positivo, primero tienes que reconocer tus pensamientos negativos, reexaminar los hechos de forma objetiva, equilibrar la aceptación y el crecimiento, hablarte con palabras más amables, sonreír más, rodearte de gente positiva y, sobre todo, perseverar.

PASO 4

Establece objetivos claros y realistas

«Sé claro en tus objetivos y tus miedos se volverán irrelevantes.»

— Anónimo

Los objetivos nos aportan un sentido, una dirección y, naturalmente, nuestra confianza fluye cuando sabemos a dónde vamos. Si no establecemos objetivos, nos estaremos privando de una de nuestras mayores fuentes de autoconfianza.

Sin objetivos te vuelves un blanco fácil para el fracaso. Tus habilidades se verán mermadas al no estar siendo empleadas de forma focalizada y consistente; como resultado, perderás la confianza en ser capaz de hacer que las cosas sucedan.

Resulta evidente que los objetivos son algo imprescindible para nuestra autoconfianza. Sin embargo, la mayoría de las personas no sabe cómo establecer objetivos de manera adecuada; unos objetivos claros y realistas capaces de proporcionarnos la motivación y confianza necesarias para romper cualquier barrera y dar un gran salto hacia adelante en el camino hacia nuestra mejor versión.

Supongamos que estamos a 1 de enero. El año no ha ido exactamente como esperabas por lo que decides hacer una lista de buenos propósitos para que, durante los próximos doce meses, esta vez sí, todo salga tal y como te gustaría. Sin embargo, todavía no ha llegado febrero y esos nuevos «objetivos» ya han caído en el olvido. ¿Te suena de algo? Te sorprendería saber cuántas personas, como tú, preparan sus propósitos de Año Nuevo con toda la ilusión del mundo y cuántas, también como tú, vuelven a hacer exactamente la misma lista año tras año, pues a las pocas semanas – o incluso a los pocos días – ya han tirado la toalla.

Las estadísticas indican que sólo el 9% consigue mantener sus propósitos de Año Nuevo. Cerca del 25% no pasan de la primera semana, el 42% no llega a la quinta semana y el 80% ya se ha dado por vencido en la octava. Sin embargo, todos los años volvemos a preparar nuestra «nueva» lista de buenos propósitos.

A muchos de nosotros nunca nos han enseñado cómo marcarnos objetivos de forma adecuada. Y sin objetivos, resulta muy difícil alcanzar el éxito en una sociedad hipercompetitiva como en la que vivimos. Me llevó demasiado tiempo darme cuenta de esto. Durante muchos años no supe cómo establecer mis objetivos o, mejor dicho, no sabía cómo establecer objetivos de forma adecuada.

Somos muchos los que conocemos la importancia de fijar objetivos, pero a muy pocos nos han enseñado cómo hacerlo cuando éramos pequeños. Por eso seguimos haciendo nuevos propósitos cada Año Nuevo y abandonándolos a las pocas semanas. El problema radica en que un propósito no es exactamente un objetivo. Mientras que un propósito es algo general o abstracto, un objetivo es mucho más específico. Por ejemplo, si tu propósito es ponerte en forma este año, tu objetivo podría ser ir al gimnasio un par de veces por semana. Como verás, el objetivo es más claro y definido.

Cuando aprendas cómo establecer objetivos claros y realistas entrarás a formar parte de ese 9% de las personas que consiguen mantener y alcanzar sus propósitos. Yo mismo, como tantas otras personas, anoté los mismos propósitos en mi lista de Año Nuevo durante más de 5 años hasta que finalmente descubrí cómo fijar objetivos SMART.

El enfoque SMART para objetivos claros y realistas

SMART (listo, inteligente, en inglés) es una metodología que nos permite establecer objetivos alcanzables. Este modelo se divide en diferentes pautas basadas en su propio nombre, que se trata de un acrónimo en el que cada letra identifica un aspecto esencial a la hora de redactar nuestro objetivo SMART.

1. Específico (Specific)

Al definir un objetivo SMART, este nunca debe ser ambiguo, pues es más fácil mantenerse motivado y alcanzar un objetivo claramente definido.

Un objetivo específico responde a las preguntas: «¿Qué? ¿Cómo? ¿Dónde? ¿Con quién?».

Cuanta más información aportes más fácil será alcanzar tu objetivo. Este punto, además, te dejará ver si cuentas con todo lo necesario o necesitas algún recurso adicional.

2. Medible (Measurable)

Si no medimos el progreso de un objetivo nunca sabremos cuánto nos falta para alcanzarlo. Por ello, un objetivo SMART debe ser fácilmente medible y cuantificable.

Un objetivo medible responde a las preguntas: «¿Cuánto/s?».

No vale únicamente con decir «quiero ganar más dinero». Un objetivo más apropiado sería «aumentar mis ingresos mensuales en 500€ para finales de año». Sin embargo, este planteamiento puede resultar frustrante cuando el objetivo nos parece muy lejano. A veces es mejor medir la acción en lugar de los resultados. Por ejemplo, si entre las acciones necesarias para aumentar tus ingresos se encuentran el trabajar o estudiar una hora más todos los días, céntrate en medir ese tiempo de estudio o trabajo. Personalmente prefiero este enfoque porque permite llevar una evaluación más relajada, gratificante y continua.

3. Alcanzable (Achievable)

Si quieres correr los 100 metros lisos en menos de 10 segundos, pero no eres Usain Bolt ni te interesa tanto el atletismo, te estás marcando un objetivo inalcanzable. Mejor quítatelo de la cabeza.

Un objetivo alcanzable responde a las preguntas: «¿Cómo conseguirlo? ¿Puedo conseguirlo? ¿Es realista?».

Hacer un análisis previo y ser realista te ayudará a evitar decepciones innecesarias que minen tu autoconfianza. Como seres humanos, a veces nos exigimos demasiado a nosotros mismos. Es bueno salir de nuestra zona de confort, pero siempre con sentido común.

4. Relevante (Relevant)

Si quieres algo con todas tus fuerzas, ve por ello.

Hace unos años, nadie habría creído que Donald Trump se convertiría en el líder del mundo libre. Mucha gente tan solo lo tomó con un payaso... hasta que se anunciaron los resultados de las elecciones. Los seres humanos han conseguido proezas imposibles y alcanzado resultados inimaginables cuando algo, en lo más profundo de su corazón, los ha impulsado a lograrlo. Nadie sabe de lo que es capaz hasta que lo hace.

Para conseguir esta determinación y celo, debes determinar si el objetivo es relevante para ti en ese momento concreto de tu vida.

Un objetivo relevante responde a las preguntas: «¿Por qué? ¿Para qué?».

No es suficiente preguntarte: «¿quiero hacer esto?». Podrías querer algo simplemente porque «es lo correcto» o «es lo que toca». En su lugar, pregúntate: «¿por qué quiero hacer esto? Saber el «por qué» te dará la motivación y la disciplina necesarias para superar tu falta de confianza y ser capaz de mover montañas.

5. Delimitado en el tiempo (Time-bound)

Los plazos añaden un sentido de urgencia y significado a lo que hacemos. Me he dado cuenta de que mi trabajo es más eficiente y comprometido cuando tengo un plazo claramente definido. El tipo de estructura con un principio y un final que ese marco temporal introduce crea una base para medir tu éxito. Por ejemplo, hay una gran diferencia entre decir que quieres aprender una nueva habilidad antes de septiembre o «en algún momento».

Un objetivo delimitado en el tiempo responde a las preguntas: «¿Cuándo?».

Para dominar la metodología SMART debes tomar la costumbre de utilizarla constantemente a la hora de establecer tus objetivos. Te aseguro que es una herramienta con el poder de cambiar tu vida desde el primer día en que la uses. Pero recuerda que este sistema «solo» te ayuda a fijar los objetivos adecuados. ¡Ahora toca ponerte en marcha!

Cuatro sencillos consejos para trazar objetivos SMART

1. Prepara tu plan de acción

El objetivo es tan solo el destino final, la meta. Necesitarás un plan si quieres llegar hasta él. Mucha gente se centra únicamente en el resultado, descuidando los pasos necesarios para alcanzarlo. Para evitar cometer este error debes de escribir un plan de acción detallado. Un plan minucioso y por escrito te proporciona objetivos claros y un punto de referencia para medir tu progreso. Podrás ir anotando y documentando tanto el cumplimiento como la desviación del plan inicial. El uso de aplicaciones móviles te ayudará en este proceso, reduciendo significativamente el tiempo que te llevará documentar y medir tus actividades.

2. Sé flexible

Al igual que la propia metodología SMART, yo siempre he sido de la opinión de que todo debe ser medido y evaluado. Como seguro que ya has oído en más de una ocasión: «Lo que no se puede medir, no se puede mejorar». Pero esto no quiere decir que debamos buscar la perfección en todo lo que hacemos, más bien es contrario. Entender que tu plan es susceptible de mejora, te permitirá hacer los cambios oportunos cuando sea necesario.

Cuando te acostumbras a medir tus progresos puedes reconocer con facilidad qué está funcionando y qué es lo que no lo está haciendo y de esta forma podrás saber qué objetivos deben reajustarse o cuáles deben ser añadidos.

3. Asume tu responsabilidad

Tanto las acciones como la falta de ellas deben tener consecuencias. Es importante que asumas tu responsabilidad. Recompénsate si has hecho un buen trabajo y autocastígate (sin pasarte) cuando no cumplas con tus objetivos básicos.

El sistema de recompensa/castigo es uno de los principios más antiguos y efectivos de la civilización humana. Nuestros padres y maestros lo empleaban con nosotros siendo niños y sigue funcionando perfectamente al hacernos adultos. Por tanto, no olvides premiarte cuando completes las acciones que tenías marcadas ni privarte de algo cuando no lo hagas. Es un poco complicado, porque tú eres el acusado, juez y verdugo, por lo que puedes tener la tentación de hacer trampa. Sin embargo, puedes contar con la ayuda de alguien que te ayude a rendir cuentas.

4. Pide ayuda

Todos necesitamos a alguien en quien apoyarnos. No importa si ese alguien es un profesional de pago o un amigo con el que podemos contar desinteresadamente. Lo único que necesitas es encontrar a la persona o al grupo de personas adecuado con quien hablar y en el que apoyarte.

Resumen del capítulo

Marcarnos objetivos es muy importante pues estos son capaces de disparar nuestra autoestima y autoconfianza. Establecer objetivos es fácil. Establecer los objetivos adecuados, aquellos capaces de ayudarnos a romper con cualquier barrera, requiere de un sistema. El enfoque SMART es una metodología que te permitirá establecer objetivos adecuados siguiendo cinco sencillas pautas basadas en su propio nombre: eSpecífico, Medible, Alcanzable, Relevante y delimitado en el Tiempo. Una vez hayas establecido tus objetivos SMART necesitarás: un plan de acción adecuado, ser flexible y realizar los ajustes necesarios cuando sea necesario, asumir tu responsabilidad – recompensándote o autocastigándote según completes, o no, las acciones que te habías marcado – y conseguir apoyo cuando el objetivo así lo requiera.

PASO 5

Apóyate en relaciones sanas y saludables

«Una relación sana, nunca requerirá que sacrifiques tus amistades, tus sueños o tu dignidad.»

— Mandy Hale

Las relaciones sanas y saludables se establecen entre dos o más personas que se quieren y se respetan profundamente, se comunican de manera bidireccional y en un tono positivo, se apoyan y se animan entre sí, confían los unos en los otros y, a su vez, existen como entidades libres e independientes.

Podemos tener relaciones saludables con todo el mundo. Puede ser con tus padres, con tus amigos, tus profesores, el camarero de tu cafetería favorita, ... Nos relacionamos con otras personas todos los días y la vida se vuelve mucho más fácil cuando nuestra interacción con esas personas se da en el contexto de una relación sana. Los beneficios de este tipo de relaciones son innumerables. Ahora bien, el problema es que no todas las relaciones son saludables.

Muchas personas se encuentran inmersas en relaciones poco saludables en las que no existe una correcta comunicación y no pueden expresarse libremente. Estas relaciones pueden derivar en relaciones tóxicas que nos terminan anulando completamente, minando nuestra autoestima y confianza en nosotros mismos. Permíteme compartir una historia que ejemplifica perfectamente el tremendo impacto que puede tener en nuestras vidas este tipo de relaciones tóxicas o, en el mejor de los casos, poco sanas.

Durante unas prácticas del Máster en Administración y Dirección de Empresas que cursé a los 29 años, conocí a Emma, una chica algo más joven que yo que también se encontraba haciendo sus prácticas para la misma compañía. Desde el primer momento me di cuenta de que Emma casi no se relacionaba con el resto de compañeros. Apenas hablaba con nadie, más allá del «Hola, buenos días.», y siempre evitaba cualquier tipo de situación que pudiese dar lugar a enfrentamientos. Por suerte, a los dos nos encantaban las series y eso hizo que poco a poco nos hiciésemos amigos y acabase ganándome su confianza.

Un día, Emma me contó que sus padres se habían divorciado cuando ella tenía 7 años. Su padre conoció a otra mujer y formó una nueva familia y ella se quedó viviendo con su madre. Al principio veía a su padre todas las semanas, pero con los años estas visitas se fueron espaciando en el tiempo hasta hacerse prácticamente inexistentes. Por desgracia, con su madre las cosas distaban mucho de ser perfectas pues, tras el divorcio, se refugió en su trabajo y apenas pasaban tiempo juntas, quedándose la mayor parte del tiempo sola o en casa de alguna vecina.

La total falta de participación de sus padres durante su niñez y adolescencia afectó profundamente su autoconfianza – tal vez por verse ella misma como la culpable de todo – afectando negativamente al resto de sus relaciones.

Durante el instituto, Emma se involucró en diversas relaciones sentimentales poco saludables y terminó siendo percibida como «la chica fácil» capaz de hacer cualquier cosa para complacer a los demás.

Puede parecer que este tipo de relaciones son «cosas del instituto» por las que la mayoría de las personas pasa y termina superando, pero en su caso el problema era más profundo. Las relaciones que Emma mantuvo durante esta época no hicieron otra cosa que agravar el problema y socavar todavía más su ya de por sí frágil autoestima.

En la universidad las pocas «amigas» que tenía no fueron de ninguna ayuda; unas se aprovechaban y se avergonzaban de ella a partes iguales y otras se encontraban en una situación similar a la suya. De tal manera que, al igual que en el instituto y para evitar sentirse sola, pasó la mayor parte del tiempo en relaciones superficiales y egoístas en las que buscaba desesperadamente un ápice de atención en chicos tóxicos que la maltrataban psíquica y, en ocasiones, incluso físicamente.

No fue hasta terminar la universidad, poco antes de iniciar el Máster en el que nos conocimos, cuando reparó en que algo no iba bien: «Me di cuenta de que había desperdiciado la mayor parte de mis días en la universidad con gente a la que, en el mejor de los casos, no le importaba lo más mínimo.»

Como resultado de aceptar esta pequeña parte de su realidad, perdió el interés por la gente en general y decidió desconectarse del mundo. Después de la universidad y hasta que nos conocimos, Emma se había convertido en una persona solitaria. Desconfiaba de todo aquel que tratase de acercarse a ella y evitaba cualquier tipo de interacción porque pensaba que no tenía nada que ofrecer. Según me confesó: «A estas alturas, ni siquiera me siento dueña de mi vida. Simplemente me levanto y voy a trabajar. No tengo planes de futuro. Pienso que mis objetivos no son válidos o que no los merezco.»

Por suerte para Emma, por aquel entonces yo ya estaba muy versado en el mundo del desarrollo personal y, aunque yo no era la persona indicada para ayudarla (es mejor que tu terapeuta/coach no un amigo tuyo), supe recomendarle a un buen profesional que empezó a visitar y que la ayudó a dar un vuelco a su vida en cuestión de unos pocos meses, ganando confianza en sí misma y recuperando la sensación de control de su vida. A día de hoy, Emma disfruta de amistades sanas, está casada con un chico maravilloso y tienen planes y objetivos, tanto en común como individuales, que llenan sus vidas de sentido y significado.

La historia de Emma es solo un ejemplo de cómo las relaciones tóxicas y poco saludables pueden deteriorar nuestra confianza y autoestima y los efectos devastadores que pueden derivarse de ello. Estoy seguro de que eres perfectamente capaz de identificar a aquellas personas de tu alrededor que continuamente tratan de minar tu confianza y hacerte dudar de tus propias habilidades con sus comentarios sarcásticos o despectivos. No importa quienes sean y la relación que os una: **Tienen que salir de tu vida**.

Tienes que preguntarte: ¿Esta persona o relación me ayuda a ser mi mejor versión, aporta equilibrio a mi vida, me apoya y me anima a conseguir mis objetivos, ...?

Si la respuesta es negativa, ¿por qué continúas en esa relación? ¿Por qué sigues dedicando tu tiempo a esa persona? ¿De qué sirven tus amigos, familiares, compañeros y parejas si no aportan nada bueno a tu vida?

Si quieres desarrollar una autoconfianza de acero, **tienes que deshacerte de las personas que no te ayudan a crecer**.

Resumen del capítulo

Cultivar relaciones sanas y saludables es una de las bases para aumentar tu autoconfianza. Los beneficios de este tipo de relaciones incluyen la reducción del estrés, mejora general en el estado de ánimo, aumento en la esperanza de vida, un renovado sentido de propósito y la habilidad de perseguir tus objetivos sin miedo. Todos nos merecemos estar rodeados de personas que nos quieran y nos respeten de forma profunda y sincera. No debemos permitir personas ni relaciones tóxicas en nuestras vidas.

PASO 6

Prepárate para los contratiempos; divide y vence los problemas

«El éxito consiste en ir de fracaso en fracaso sin perder el entusiasmo.»

— Winston Churchill

En las películas de ciencia ficción, suelen ser necesarios múltiples intentos antes de que los científicos consigan desarrollar un prototipo que funcione (una máquina, un código, una cura contra los zombis, ...). Sé que las películas tienden a exagerar, pero no se equivocan al mostrarnos que pueden ser necesarios diez, cien o mil intentos antes de que el protagonista lo consiga. Es inevitable toparse con el fracaso en el camino hacia el éxito. Por tanto, sé consciente de que los contratiempos aparecerán. El fracaso puede presentarse en forma de pequeños errores o como grandes meteduras de pata con consecuencias de largo alcance. Este es el coste de pasar a la acción, de intentarlo, de salir de tu zona de confort.

Dado que las probabilidades son tan altas, resulta sorprendente que la mayoría de las personas nunca se prepare para estos contratiempos. Cuando no nos preparamos para algo, nuestros instintos toman el mando. Esto es peligroso porque la forma en que reaccionamos y manejamos el fracaso afecta a nuestras probabilidades de éxito. Los pequeños errores, por no hablar de los grandes contratiempos, son suficientes para destruir la confianza de una persona poco segura de sí misma. Pero una preparación adecuada reducirá el impacto de cualquier contratiempo.

Prepararse para el fracaso significa anticiparse a él. Esto no quiere decir que queramos que ocurra, por supuesto. Lo que buscamos es reducir su impacto creando expectativas realistas y desarrollando planes de contingencia para gestionar los contratiempos. Tomemos el ejemplo de montar en moto. Los motoristas utilizan equipos de protección como cascos y chalecos. Llevarlos no implica que el motorista desee que ocurra un accidente; sólo intenta reducir los riesgos si se produce uno. Si te preparas adecuadamente, podrás dominar el fracaso y mejorar tus probabilidades de éxito.

¿Por qué no tener miedo al fracaso y cómo convertir contratiempos en oportunidades?

1. Los contratiempos representan oportunidades

No dejes que el miedo al fracaso te impida tomar las acciones necesarias para triunfar. Tener contratiempos implica que estás avanzando, lo que significa que el éxito es posible. Las personas tenemos miedo de cometer errores porque los vemos como un reflejo de nuestras habilidades y nuestra personalidad. Sin embargo, quienes alcanzan el éxito tras numerosos fracasos demuestran que los errores son fruto de las acciones, no de la persona en sí misma.

Dejar que los resultados te definan es señal de que pones todas tus esperanzas en las acciones que te conducen a ellos. Es una mentalidad de todo o nada. Pero ambos sabemos que esto dista mucho de la realidad. Debes ver la acción como lo que es: uno de tantos intentos/experimentos posibles. Si el experimento funciona, ¡estupendo! Si no lo hace... prueba otro método. Eso sí, procura que el siguiente experimento no tenga los defectos del anterior. Estudia los puntos fuertes y débiles de tus intentos pasados. Modifica, innova y mejora.

Subestimamos estos pequeños ajustes. La única forma de ver su potencial es tomando más acción, probando más, cometiendo más errores y teniendo más contratiempos. Los atletas deben entrenar más duro, tener más caídas y enfrentarse a más oponentes. La experiencia es la única forma de seguir mejorando. Así que, no temas los contratiempos, aprende de ellos y vuelve mejor, más fuerte y más listo.

2. Aprende y mejora

Es fácil manejar y superar pequeños errores. Sin embargo, algunos contratiempos pueden ser más graves y traumáticos. Pueden cambiar tu carácter, convirtiéndote en una persona totalmente diferente. Un terapeuta diría que esa persona ha dejado que el fracaso la defina.

Considera los errores como lecciones; unas lecciones que te aportan valiosos conocimientos. Sigue el ejemplo de los científicos: todos sus descubrimientos e innovaciones se consiguen tras múltiples intentos fallidos. De esta forma, si eres un súper emprendedor y te encuentras en tu vigésimo sexto intento fallido para desarrollar el monopatín volador de Regreso al futuro, no digas «he fracasado 26 veces». En su lugar, aprende del gran Thomas Edison y mejor di: «¡He encontrado 26 formas que no han funcionado!».

Una persona que quiere crecer no puede permitirse el lujo de tener miedo a fracasar. Toda nuestra civilización se basa en fracasar, aprender y mejorar. No esperes pasar de cero a cien de forma suave e ininterrumpida. Algunas personas pueden tener la suerte de no haber encontrado dificultades, contratiempos y decepciones. Pero recuerda, son la excepción, no la regla. Incluso personas como Steve Jobs, Winston Churchill o Alejandro Magno tuvieron sus contratiempos. Si quieres cambiar tu vida o alcanzar la grandeza, me temo que el fracaso forma parte del juego. La cuestión es si vas a dejar que te hunda o vas a usarlo en tu favor.

3. El fracaso es el mejor maestro

Lo cierto es que nunca se suele hablar de los fracasos, ni de los fracasos de las grandes figuras de la humanidad ni de los fracasos de otras personas no tan «grandes» y más cercanas. Quizás nos centramos en las historias de éxito porque es algo que nos resulta más atractivo que escuchar cómo las cosas salieron mal. Esto es un error, porque hay mucho más que aprender del fracaso que del éxito.

El éxito, además, nos hace más engreídos y arrogantes. ¿Cuántos niños actores han perdido el rumbo antes de los 25 años? Compáralos con los actores que obtuvieron su primer papel a finales de sus veinte o principios de sus treinta años. Estos artistas, por lo general, son más maduros, motivados y humildes. Los años de rechazo y de trabajo duro tienen este efecto positivo en las personas.

El éxito es el objetivo final, pero debes contar con los contratiempos que aparecerán antes de alcanzarlo. Michael Jordan dijo: «He fallado una y otra vez en mi vida, por eso he tenido éxito». Las personas que han probado los reveses de la vida son menos propensas a la autocomplacencia. Salir de tu zona de confort conlleva el riesgo a fracasar, pero las personas valientes ven los contratiempos como oportunidades de éxito.

4. Crece a partir de tus errores

Hasta ahora, solo te he hablado de los beneficios de los contratiempos; sería muy irresponsable por mi parte no reconocer que no todos los errores o contratiempos son iguales. Sí, puedes aprender de tus errores pero, sin duda, algunos no merecerán la pena. Recuerda que prepararse para los contratiempos también implica reducir los riesgos de fracaso.

No te lances con los ojos cerrados. Debes calcular el riesgo de cada aventura en la que te embarques. Sé responsable con tus contratiempos tanto como lo eres con tus objetivos. Y recuerda que los errores son fracasos de las acciones, no del individuo. Céntrate en las acciones, presta atención y aprende de ellas.

5. Cambia tu mentalidad

¿Qué es un fracaso, sino un éxito disfrazado? Comprender esto aliviará parte de tu miedo a fracasar. Cuando miramos el éxito de otras personas desde lejos, es fácil ignorar la cantidad de fracasos por los que tuvo que pasar. Del mismo modo, otras personas pueden tener la misma visión de nuestras victorias, teniendo la impresión de que nos cayeron del cielo.

Si los contratiempos forman parte del viaje o del camino hacia el éxito, cuando aparece un contratiempo significa que todavía te encuentras recorriendo ese camino y por tanto todavía no has fracasado. Sólo has descubierto una ruta que no ha funcionado. Así que la única opción lógica es encontrar una nueva ruta que nos lleve o nos acerque a nuestro destino. Si consideras los contratiempos como una oportunidad para probar nuevas y excitantes travesías estarás un paso más cerca del éxito.

6. Aprende de otras personas

Los seres humanos llevamos tanto tiempo luchando contra los mismos problemas que puedes estar seguro de que, en algún momento, otra persona ya se ha enfrentado al mismo obstáculo al que te enfrentas tú actualmente. Aprende de ellos. Estamos en la era de la información. Estoy seguro de que no te costará encontrar decenas de libros y cientos de artículos interesantes en internet con tan solo hacer una búsqueda rápida en Google. Dedica tiempo a leer las biografías de las grandes figuras y toma nota tanto de sus éxitos como de sus fracasos.

Cada vez que tengas un contratiempo importante y sientas que no hay forma de avanzar, recurre a los libros. Deja que las historias de tus ídolos te inspiren y te motiven. También puedes buscar consejo en las personas de tu entorno, pero recuerda que muchas personas pueden intentar disuadirte de asumir cualquier tipo de riesgo. El conformismo y el miedo al fracaso pueden convertirte en una persona mediocre; la capacidad de asumir riesgos (controlados) te hará sobresalir entre el resto.

Divide y vencerás

Las antiguas estrategias militares se han infiltrado en diversos aspectos de nuestras vidas. Los altos directivos han convertido a «El arte de la guerra» en su libro de cabecera, los políticos utilizan tácticas maquiavélicas y los emprendedores aplican las enseñanzas de Alejandro Magno.

Divide y vencerás es una de las estrategias más antiguas. Hoy en día, la podemos encontrar en todos los sectores, desde las escuelas de atletismo hasta la fabricación de ordenadores.

Esta estrategia se ha hecho popular porque es muy útil para gestionar tareas complejas y exigentes; tareas de las que parece imposible ocuparse de una sola vez. Digamos que tienes que realizar una tarea que te parece tan enorme o desafiante que te paraliza porque no te sientes capaz de llevarla a cabo. Lo único que tienes que hacer es descomponer esta gran tarea en varias subtareas más pequeñas y manejables, de forma que puedas ir completándolas de una en una.

Veamos un ejemplo de cómo funciona esta estrategia.

Supongamos que estás nervioso porque tienes que asistir a un evento de tu trabajo al que realmente no quieres ir. El primer paso sería considerar cuál es el tiempo mínimo aceptable que tendrías que permanecer en este evento antes de marcharte. Digamos que decides que puedes marcharte «habiendo cumplido» pasados cuarenta y cinco minutos. Ahora lo único que tienes que hacer es «sobrevivir» durante este tiempo :)

Crea una lista por escrito de las cosas que debes hacer durante esos cuarenta y cinco minutos. ¿Tienes que saludar a tus compañeros de trabajo, conseguir X nuevos contactos, discutir un proyecto con algún colega, dedicar unos minutos a hacer la pelota a tu jefe, ...? Asigna un orden y un tiempo determinado a cada una de estas tareas y una vez estés en el evento, ve completándolas una por una antes de pasar a la siguiente. Puedes incluso ponerte alarmas si es necesario, pero te aseguro que una vez que empieces te olvidarás del tiempo a medida que vayas avanzando por los elementos de tu lista.

«Divide y vencerás» funciona para el trabajo, la pérdida de peso, el desarrollo personal y mucho más. Ya lo utilizas sin saberlo. Ahora, sólo tienes que empezar a emplearlo más a menudo y de forma intencionada.

Resumen del capítulo

La vida no es perfecta y por ello debes esperar contratiempos, fracasos y decepciones. Esto no significa que seas negativo, significa que debes estar preparado para cualquier resultado. Para ello, lo primero es recordarte a ti mismo que más contratiempos representan más oportunidades. Esto cambia tu mentalidad y te permite aprender y mejorar de tus errores y crecer a partir de tus fracasos. Así que no te desanimes si fracasas. No permitas que el fracaso haga mella en tu confianza. Al contrario, considéralo como una oportunidad para mejorar y avanzar hacia la mejor versión de ti mismo.

PASO 7

Mejora tus habilidades y desarrolla tu competencia

«El aprendizaje continuo es el requisito mínimo para alcanzar el éxito en cualquier campo.»

— Denis Waitley

Ser competente te hace sentir más seguro. Las personas competentes llevan la cabeza bien alta allá a donde van. No hay sensación comparable a la de saber que puedes hacer lo que otros no pueden y, además, hacerlo bien. La competencia dispara nuestros niveles de autoconfianza.

La competencia debe ser un proceso de mejora continua. En el momento en que te detienes es cuando empiezas a oxidarte. Siempre hay algo que mejorar. Por tanto, aborda la búsqueda de la competencia como un viaje que sólo termina cuando mueres.

No pienses que ya has alcanzado tu máximo potencial solo porque estés por encima de la media o de aquellos que te rodean. El crecimiento debe seguir al crecimiento. Aplica esta filosofía a todos los aspectos de tu vida. Esfuérzate siempre por mejorar todas tus habilidades y busca el crecimiento en ti mismo, en tu carrera y en tus relaciones con los demás.

Los deportistas no dejan de entrenar cuando van por delante. La mayoría de las veces, incluso aumentan la intensidad de su entrenamiento, pues cuentan personas y objetivos que les motivan a seguir avanzando. Puede ser un rival, un entrenador o la gloria.

Puede que tu no tengas el lujo de disponer de un entrenador o un coach que te motive a seguir avanzando continuamente. En este caso, como para la mayoría de los mortales, la responsabilidad recae sobre ti. Busca qué áreas son las que más te interesan y desarrolla tus habilidades para ser más competente. Si te formas en estos campos serás más eficiente, cometerás menos errores y obtendrás más éxito, con lo que tu confianza crecerá a pasos agigantados.

La confianza o la falta de ella es una cuestión personal. Tu relación intrapersonal tiene más efecto sobre tu confianza que tus relaciones interpersonales. De ti depende ser tu mejor amigo o tu peor enemigo. Si eliges la primera opción, entonces prioriza tu desarrollo personal.

Evalúa los efectos que tus defectos y tus virtudes tienen sobre tus objetivos. A continuación, desarrolla las habilidades necesarias para alcanzar dichos objetivos. El desarrollo personal consiste en madurar, en maximizar tu potencial para que puedas vivir una vida más plena. Es como la propia evolución. Sigues desarrollando tus habilidades y ampliando tus conocimientos durante el resto de tu vida. La educación no termina en la escuela. Recuerda que no necesitas un profesor para seguir aprendiendo – aunque tener un buen mentor nunca está de más.

El primer paso será decidir cuidadosamente qué conocimientos quieres adquirir. Es cierto que el saber no ocupa lugar y que nuestro cerebro posee una capacidad de aprendizaje prácticamente ilimitada pero, por desgracia, nuestro tiempo sí es limitado. Así pues, elige bien qué habilidades tienen un mayor potencial – aquellas que más te ayuden a crecer tanto en tu vida personal como profesional – y céntrate en ellas. Se llama autodesarrollo porque es tu trabajo identificar y desarrollar las habilidades que son importantes para ti y para el éxito en tu vida.

Habilidades esenciales que deberías esforzarte por mejorar

1. Liderazgo

Si quieres que la gente te siga, debes aprender a liderar. Recordamos a los grandes líderes por su capacidad para hacer que los demás compartan sus objetivos y motivar a la gente que les rodea. Los seguidores son el reflejo de su líder.

2. Habilidades sociales

También conocidas como habilidades interpersonales. Todos somos conscientes de la importancia de la comunicación verbal y no verbal y las dominamos en mayor o menor medida. Mejorar tus habilidades sociales te hará más sencillo entender y relacionarte con las personas de tu alrededor.

3. Comunicación

Eres un buen comunicador si tu forma de hablar, escuchar y escribir es clara, eficiente y concisa. Tú tienes unas ideas y sentimientos y tu interlocutor tiene otras. A menos que seas capaz de leer la mente, la comunicación es la única forma de transmitir y recibir información entre dos o más individuos. La falta de habilidades de comunicación ha provocado guerras, causado muertes y generado millones de conflictos a lo largo de toda la historia de la humanidad, por lo que es una competencia que no debes menospreciar y pensar que es algo que ya tienes dominado. Tus probabilidades de éxito aumentarán si aprendes a hablar con claridad y a utilizar el tono adecuado para cada ocasión.

4. Resolución de problemas

La diferencia entre las personas que triunfan y aquellas que fracasan suele residir en su capacidad para resolver problemas. La única manera de evitar los problemas es no levantarte por la mañana. Y puesto que esto no es una opción, deberás aprender a enfrentarte a ellos. Evaluar objetivamente los problemas y proponer soluciones que funcionen es una de las habilidades que más pueden ayudarte a prosperar tanto en la vida.

5. Organización

A los humanos – al menos a la gran mayoría – nos gusta el orden y la previsibilidad. No sé a ti, pero a mí el caos me incomoda y reduce mi productividad. Aprender a ordenar, planificar y crear horarios hará que tu vida sea más sencilla y satisfactoria.

6. Integridad

Warren Buffet dijo: «Cuando contrato a mis empleados busco: inteligencia, iniciativa e integridad. Y si no tienen esta última, olviden las dos primeras.» La integridad es lo que hace que la gente confíe en ti. Es la cualidad que te hace decir la verdad y hacer lo correcto. Las personas a tu alrededor saben que tu «sí» significa sí, y tu «no» significa no.

7. Adaptabilidad

La vida lanzará bolas curvas de vez en cuando. Cuando parece que ya nada puede sorprenderte, el universo todavía te tiene algo reservado. Aprende a manejar lo nuevo y lo desconocido. Mantén la calma y adáptate rápidamente.

Cómo desarrollar estas habilidades

Tras identificar qué habilidades son importantes para ti (seguramente se te ocurran muchas otras que no estén en mi lista), el siguiente paso será desarrollarlas.

1. Fija objetivos claros

Te aconsejo que repases el capítulo sobre el establecimiento de objetivos. Aplica el método SMART para crear tus objetivos de autodesarrollo. Cuando intentes mejorar varias habilidades, es mejor abordarlas de una en una. Recuerda emplear la estrategia de «divide y vencerás».

2. Lee

Lee, consume vídeos educativos y realiza cursos online. El conocimiento es poder, como se suele decir. Lee en función de tus objetivos y obtén los conocimientos necesarios para lograrlos. Sin embargo, no limites tus lecturas únicamente a objetivos concretos. Leer también puede servirte para ampliar tu vocabulario, estimular tu mente y descubrir cosas nuevas. En pocas palabras, lee tanto como puedas tanto por trabajo como por placer.

3. Escribe

En contra de lo que puedas pensar, llevar un diario no es sólo cosa de adolescentes. Tan solo se trata de registrar ideas o pensamientos para no olvidarlos. Escribe sobre tus objetivos, tus luchas, tus logros, tus puntos fuertes y tus inseguridades. Yo tengo un diario físico y varias apps para registrar muchas de estas ideas. El diario lo utilizo para escribir relajadamente cuando me siento a tomar un café, por ejemplo, y las apps para apuntar aquellas ideas me vienen de imprevisto.

4. Encuentra un mentor

Necesitas tener personas a las que admirar y en las que confiar. Contar con una figura que ya haya pasado y superado el camino que tú te encuentras recorriendo en estos momentos acelerará tu desarrollo de forma exponencial. Si no dispones de una figura así en tu entorno y no puedes permitirte contratar a un profesional, te sugiero que busques a «tu gurú» en los libros o en internet y que lo estudies minuciosamente. Puedes leer sus libros, ver sus videos o hacer sus cursos (gratuitos o de pago).

5. Pide Feedback

Es importante que no ignores esta parte. Haz un esfuerzo adicional por encontrar personas que hagan una crítica honesta y constructiva de tu vida personal y profesional. Pide opinión a amigos, familiares, colegas y superiores. Preguntar simplemente qué opinan de ti es algo demasiado abstracto como para obtener una buena respuesta. En su lugar, pregúntales qué opinan sobre un comportamiento o proyecto en concreto. Así tendrás una respuesta mucho más precisa sobre la que trabajar y mejorar.

Las personas muy cercanas pueden darte opiniones demasiado sesgadas o parciales. Es posible que prefieras la opinión de personas ajenas o de un círculo no tan cercano pues, por un lado, todavía no tienen una opinión ya formada sobre ti y, por otro, no tienen motivos para «adornar» sus comentarios por temor a herir tus sentimientos.

Resumen del capítulo

La competencia es una potente fuente de autoconfianza. A veces no basta con saber hacer algo, necesitamos saber que somos capaces de hacerlo mejor que los demás. Para poder desarrollar tu competencia, primero deberás trabajar diversos aspectos de ti mismo como tus habilidades sociales, de comunicación, liderazgo u organización. Para hacerlo te será de gran ayuda establecer unos objetivos claros, llevar un registro de tus ideas y pensamientos, encontrar a un mentor y pedir opiniones tanto de tu círculo más cercano como de personas ajenas a este.

PASO 8

Toma pequeños pasos antes de dar el gran salto

«Las grandes cosas suelen tener pequeños comienzos.»

— T. E. Lawrence

La frase «Hazlo en grande o mejor no hagas nada» – más conocida en su versión en inglés: «*Go big or go home*» – es una falacia. Esto solo funciona en ocasiones muy concretas y, además, las posibilidades de fracasar son tan elevadas que la mayoría de las personas inteligentes rara vez toman este camino «rápido» pues entienden las ventajas de un enfoque lento y metódico. Yo llamo a los grandes pasos el enfoque de alto riesgo y a los pequeños pasos el enfoque de bajo riesgo. El primero requiere demasiados recursos – de los que muchos no disponemos – para ser una opción válida y con posibilidades de éxito.

Lo sé, tú anhelas grandes cosas – y yo también. No queremos viajar en clase turista si podemos viajar en preferente. Y esto se traslada a todos los aspectos de nuestras vidas. Es normal que nuestra atención se vea atraída por las cosas grandes y «brillantes». Lo que no debemos olvidar es que esas grandes cosas no aparecieron de la nada. Los grandes logros siempre tuvieron comienzos humildes. Recuerda que Apple, Facebook o Microsoft empezaron en un pequeño garaje.

Piensa en aquellas empresas o ideas que más perduran y notarás una tendencia. Todas empiezan de algo pequeño. Así que, si quieres hacer cambios duraderos en tu vida, toma nota de ellas. La confianza, o la falta de ella, es un hábito. Es algo que está arraigado en tu subconsciente y la única forma de lograr un cambio sólido a este nivel es mediante un enfoque lento y constante. Los comienzos lentos tienen la ventaja de ser más fáciles de poner en marcha y de controlar. Así como también son más fáciles de construir y mantener. No me malinterpretes, sueña a lo grande, desea grandes cosas, pero empieza poco a poco.

1. Prepárate

Toda aventura que se precie merece de una adecuada preparación. Aún así tienes que entender que nunca estarás completamente listo. Debemos estar atentos si no queremos que nuestra preparación acabe convirtiéndose en una excusa para procrastinar. Establece un límite de tiempo para la fase de preparación y una vez transcurrido, ¡empieza! La preparación es el primer paso para conseguir cualquier cambio que desees. Un primer paso que debe ejecutarse de forma rápida y eficaz.

2. Empieza con pequeños pasos

No subestimes el poder de la simplicidad. Los primeros pasos deben ser sencillos y accesibles. Algunas personas defienden que hay que abordar las cosas grandes primero y dejar las pequeñas para después. Este no es un enfoque que yo recomiende para generar confianza. Sólo funciona en un pequeño porcentaje de personas – aunque estas hagan mucho ruido. La confianza, al igual que otras importantes cualidades, es como una pequeña semilla; hay que nutrirla y dejarla crecer antes de que pueda echar raíces. Por ejemplo, si te has marcado el objetivo de hacer ejercicio cinco horas a la semana, es más probable que lo consigas (y lo mantengas) si repartes estas cinco horas en varios días a lo largo de la semana que si tratas de hacerlo en un solo día.

3. Mantente motivado y disciplinado

Se necesita motivación para empezar y disciplina para seguir adelante. No debería resultarte difícil si consideras que tus objetivos son alcanzables. Por eso es importante empezar con objetivos menos abrumadores. Por supuesto, tendrás que mejorar tu automotivación a medida que las cosas se vuelvan más difíciles y aparezcan los contratiempos pero, por ahora, céntrate tan solo en dar los primeros pasos. Deja que la propia consecución de los primeros pequeños objetivos te ayude a mantener la motivación y te anime a seguir adelante.

4. Empieza poco a poco y luego busca mayores desafíos

El objetivo de empezar a pequeña escala es ganar experiencia y familiarizarte con el cambio. Sin embargo, el crecimiento se detiene cuando esa familiaridad alcanza un punto determinado. En ese punto ya no se crece ni se mejora. La confianza es como un niño, hay que alimentarla continuamente con retos mayores o se estancará, pudiendo incluso retroceder. Te diría que debes incrementar la dificultad de la tarea cada pocos pasos, pero esto requeriría de un plan de medición detallado para determinar cuándo se está preparado para pasar al siguiente nivel. En su lugar, una regla que funciona muy bien es «hacer más de lo que hiciste la semana pasada». Por tanto, empieza por pequeños pasos, pero teniendo planeado llevarlos más allá.

5. Sé constante

La constancia genera experiencia, confianza e inercia o impulso. Siendo este último el más importante de los tres. Si alimentas algo, ese algo se hará más grande y fuerte. Realiza acciones constantes y estarás alimentando tu confianza y creando impulso. Es un ciclo que se rompe cada vez que te saltas o pospones un paso. Por lo tanto, haz lo que toca incluso cuando no te apetezca. Aquí la responsabilidad y la disciplina juegan un papel muy importante. Te ayudará el crear un sistema de castigo/recompensa como ya comentamos en el paso cuatro.

La constancia también produce hambre de éxito. Empezar con pequeños pasos aumenta tus posibilidades de éxito. Estas pequeñas victorias te abrirán el apetito, lo que te hará esforzarte más y estar mejor preparado para dar el gran salto.

Resumen del capítulo

Las pequeñas acciones se suman para crear grandes resultados. Cuando das pequeños pasos, te concedes un mayor margen para cometer errores y aprender de ellos. Además, los pequeños pasos también te permiten celebrar pequeñas victorias que alimentarán tu confianza y generarán el impulso necesario para afrontar mayores desafíos. Si optas por hacer cambios radicales de una sola vez, gastarás más recursos y te resultará más difícil recuperarse de los fracasos, lo que terminará debilitando tu confianza.

PASO 9

Aprende a esperar y a lidiar con las críticas negativas

«Sólo hay una forma de evitar ser criticado: no hagas nada, no digas nada y no seas nada.»

— Aristóteles

Si aprendes cómo utilizar las criticas – constructivas o no – a tu favor, estas no solo no harán mella en tu autoconfianza si no que la amplificarán.

He decidido dejar este paso para el final por dos motivos; primero, porque para mí, personalmente, esta es la estrategia más potente – si sabemos cómo sacarle provecho; y segundo, porque tal vez también sea la menos evidente.

LIBÉRATE: Hagas lo que hagas, siempre te van a criticar, así que haz lo que te dé la gana.

Mi chica, Kathy, es una mujer espectacular en todos y cada uno de los sentidos: es alegre, inteligente, deportista, emprendedora, ... y así podría pasarme un buen rato, pues tengo la buena costumbre de anotar en una libretita todo lo bueno que voy descubriendo de ella desde el día que nos conocimos – es algo que te recomiendo hacer a ti también.

Por desgracia, también es la mayor de dos hermanas en una familia que, aunque seguro que deben de quererla mucho, ha decidido tomarla como blanco de sus críticas. No importa lo que haga, su hermana y su madre siempre la recriminan y menosprecian. Si se pone a estudiar, debería de trabajar y dejarse de «tonterías»; si se pone a trabajar, debería de estudiar y aspirar a algo mejor; si ayuda económicamente a la familia, se las está dando de «sobrada»; sino ayuda económicamente, es una egoísta; si emprende un proyecto, tiene «pajaritos en la cabeza»; si no emprende, debería montar un bar (¿?); ... y así continuamente y durante toda la vida.

Cuando la conocí, Kathy tenía episodios de ansiedad con frecuencia, más o menos, cada vez que había reunión familiar – momento en que, madre y hermana, aprovechaban para sacar toda su artillería y tratar de minar su confianza y alegría por vivir.

Aunque me dedico profesionalmente a trabajar con clientes en situaciones muy similares, al tratarse de mi pareja me resultaba muy complicado intervenir; por un lado, porque un consejo que viene de tu pareja (o de un amigo cercano) no suele tomarse tan en serio ni tiene el mismo efecto que uno que viene de un profesional «de pago»; y por otro, porque podría crear un conflicto familiar que acabase distanciándonos. ¿Has oído aquello de «entre parejas y hermanos no metas la mano»? Pues eso.

Finalmente, no pude aguantar más al ver lo injusto de la situación y lo que aquello estaba afectando a Kathy y decidí actuar, eso sí, de la manera más sutil que pude encontrar. De modo que, al día siguiente de una de esas reuniones familiares de las que Kathy volvió llorando y sintiendo que no valía para nada, le envié una «inocente» viñeta a su teléfono móvil:

Obviamente, la viñeta no solucionó el problema en sí, pero si consiguió hacerla sonreír al comprender lo absurdo de la situación y sentirse completamente identificada. Un genial punto de partida para poder abordar el tema – cosa que hicimos, por propia iniciativa de Kathy, esa misma noche cuando volvió a casa.

Kathy se dio cuenta de que su ansiedad se generaba principalmente porque, desde siempre, cada paso que daba en la vida lo hacía tras mucho sopesar qué dirían su madre y su hermana al respecto y terminaba tomando el camino que pensaba que más las complacería. Por desgracia, sus decisiones nunca conseguían contentarlas, lo que no hacía otra cosa que seguir hundiéndola más y más.

Cuando comprendió que, por algún motivo, tenía la batalla perdida incluso antes de empezar – pues nunca conseguiría complacer a las dos personas que más quería en este mundo –, se sintió liberada. No es que ya no le importase la aprobación de estas, simplemente, ya no la necesitaba.

A partir de aquí, Kathy empezó a tomar sus decisiones y a elegir su camino basándose únicamente en lo que ella pensaba que era mejor pues; por un lado, tenía la confianza suficiente como saber qué es lo que ella quería sin necesidad de tener que consultar a nadie; y por otro, porque sabía que no estaba en su poder, ni era su responsabilidad, satisfacer a todo el mundo.

EMPODÉRATE: Aprende a ver las críticas desde una nueva perspectiva.

Es tremendamente liberador entender que hagas lo que hagas no vas a complacer a todo el mundo pero, de sentirte liberado de las críticas a sentirte empoderado por las críticas hay un buen trecho.

Aunque yo he tenido la suerte de contar con unos padres que siempre me han apoyado en todos mis proyecto y decisiones, al igual que mi chica, he tenido que sufrir las críticas incesantes e implacables de una parte de mi familia.

Durante muchos años estas críticas me tenían condicionado y frustrado. Nada de lo que hacía o decía obtenía su aprobación. Recuerdo que solía pensar para mí «algún día se darán cuenta de lo que valgo», «quizás si consigo tal o cual cosa me feliciten», «¿qué es lo que estoy haciendo mal?» «¿por qué no me quieren?», ...

Tardé mucho tiempo en caer en la cuenta de que nunca nada de lo que hiciese iba a estar bien para ellos. El día que lo entendí (como espero que tú también llegues a entender), me sentí liberado, pero no fue hasta que comprendí **el porqué de estos ataques** cuando me di cuenta de que yo tenía algo especial; algo que me hacía único y extraordinario.

¿Qué tenemos en común mi chica y yo para haber sido, y seguir siendo, el blanco de las críticas de nuestros seres queridos? Te daré una pista: es algo que nos hizo enamorarnos el uno del otro a los pocos minutos de haber quedado por primera vez (gracias a Tinder) para desayunar. Los dos somos personas «hacedoras»; es decir, tenemos ideas, objetivos, planes, ... **que ponemos en marcha**.

Cuando eres una persona que, no solo tiene objetivos, sino que además lucha por ellos y, en gran parte de las ocasiones, los consigue, te conviertes en un «espejo molesto» para el resto de personas que no persistieron lo suficiente como para alcanzar sus sueños o, peor todavía, que nunca llegaron a saber qué es lo que realmente querían en la vida... hasta que fue demasiado tarde[1].

[1] Si estás en esta situación, no puedes permitirte no leer El poder de los objetivos: *www.danieljmartin.es/books/po*

Cuando te das cuenta de que esas críticas que tanto daño te hicieron a ti y a tu autoconfianza en el pasado, en realidad eran indicadores de que ibas por el buen camino – un camino que otros querrían, secretamente, para sí mismos –, las críticas no solo dejarán de afectarte, sino que empezarás a buscarlas; serán tu nuevo indicador de que estás haciendo las cosas bien o muy bien; de que estás apuntando lo suficientemente alto como para levantar ampollas y envidias. ¿O piensas que alguien va a molestarse en tratar de minar tu confianza (consciente o inconscientemente) con sus críticas si te mantienes junto al «rebaño», en la mediocridad, sin sacar un dedo de tu zona de confort?

Te pondré un ejemplo para que lo veas más claro, un ejemplo que puede que incluso hayas vivido de cerca:

Seguro que conoces a alguien que siempre ha tenido problemas de sobrepeso y un día, sin motivo aparente (aunque créeme, te aseguro que hubo un motivo), decidió empezar a cuidar su alimentación y puede que también se apuntase al gimnasio. En unos pocos meses ya había perdido una cantidad considerable de kilos y su aspecto físico comenzaba a revelar cómo sería esa persona con un peso saludable. ¿Críticas? Para nada. Todo el mundo a su alrededor se alegraba de su nuevo estilo de vida y le animaba a continuar. Cómo es normal. ¿Qué desalmado se atrevería a criticar semejante ejemplo de superación personal?

¿Pero que pasaría si esta persona consiguiese mantener estos nuevos hábitos, no solo durante unos pocos meses – como suele ser lo habitual – sino durante el tiempo suficiente como para pasar de obeso, a una persona con un peso saludable... y de aquí a una persona con un físico envidiable? ¿Críticas? Por todos los lados y para todos los gustos: «míralo, está obsesionado», «ni que le fuesen a pagar por ello», «no sabe disfrutar la vida», «quién se ha creído que es», «lo que tendría que hacer es coger un libro y dejarse de tantas pesas», «si se cuida tanto es porque está viendo a otro/a», etc., etc., etc. ¿Te suena?

Las personas animamos y elogiamos a nuestros amigos y seres queridos a luchar para llegar hasta donde nosotros hemos llegado; los queremos parte de «nuestro grupo», de nuestro rebaño, a nuestro nivel. Pero ojo, ni un paso más allá. Para aquellos que no están dispuestos a pagar el precio necesario para seguir creciendo y alcanzar nuevos objetivos, la única forma de no quedarse atrás y vivir una vida de remordimientos es procurar que tú tampoco sigas avanzando. Para estas personas, las críticas constituyen una de sus armas más poderosas.

O al menos hasta ahora.

Ahora tú ya sabes por qué se producen este tipo de críticas y, por tanto, no solo eres inmune a estos ataques, sino que además entiendes que el hecho de que te critiquen es muy buena señal.

Una señal de que vas por el buen camino. Que nada te detenga.

Ten siempre presente esta frase:

«Nunca serás criticado por alguien que esté haciendo más que tú, solo serás criticado por alguien que esté haciendo menos o nada.»

Resumen del capítulo

En la vida, la única forma de asegurarnos de estar a salvo de críticas es no hacer absolutamente nada. Puesto que esta no es una opción válida, debemos aprender a lidiar con ellas si no queremos que estas destruyan nuestra confianza y limiten nuestro potencial. El primer paso es entender que hagas lo que hagas, la gente va a criticarte. El día que logres asimilar esta triste verdad, te sentirás liberado y las críticas dejarán de tener poder sobre ti. Solo con esto, se abrirá ante ti un mundo de posibilidades, pero todavía podemos ir un paso más allá y utilizar las críticas a nuestro favor para motivarnos y reafirmar nuestras acciones y objetivos. Para ello, basta con tomar consciencia de que solo los mediocres, aquellos que nunca salen de su zona de confort y forman parte del rebaño, no son criticados. Si recibes constantes críticas de tu entorno, muy posiblemente sea porque te envidian en secreto y no pueden soportar la idea que tú alcances aquello que ellos no lograron porque sus miedos fueron más fuertes que sus objetivos.

Próximos pasos

Al inicio de este libro me comprometí contigo en que yo te proporcionaría el conocimiento necesario para hacer de este viaje hacia una mayor confianza en ti mismo algo sencillo y tú te comprometiste a pasar a la acción de forma que este conocimiento pudiese convertirse en parte de ti y te permitirte vivir la vida que siempre has soñado.

Llegados al final de estos nueve pasos, no me queda más que felicitarte.

Y es que, en realidad, tu viaje comenzó en el momento en que decidiste comprar este libro y el hecho de que hayas llegado hasta aquí implica que **ya has pasado a la acción**.

¡ENHORABUENA!

Son muchas las personas a las que les gustaría mejorar su confianza y que envidian a aquellos que parecen tenerla de forma natural, pero solo unos pocos deciden tomar cartas en el asunto y tomar acción. Tú perteneces a este pequeño porcentaje de valientes y deberías de estar orgulloso/a.

Pero ojo... ahora no te duermas en los laureles. Has dado un primer paso muy importante pero todavía te queda camino por recorrer. Puede que alguno de los pasos de este libro los hayas interiorizado con tan solo leerlos, para otros puede que simplemente necesites hacer una segunda lectura, pero alguno de ellos va a requerir de algo más por tu parte.

No te preocupes, no tienes por qué implementar todos los pasos de golpe. Elige el que más te guste o más sencillo te parezca y céntrate en él hasta que lo interiorices y te salga de forma natural. Ya sabes que al ir poco a poco la sensación de haber completado un primer paso u objetivo te proporcionará la confianza y motivación necesarias para abordar el siguiente con energía y sin titubeos. Puede que tu siguiente paso consista en algo tan sencillo como empezar a llevar contigo una agenda donde escribir tus objetivos, decidir pasar menos tiempo con personas que no te aportan nada (o nada bueno) o hacer una lista de aquellas habilidades con mayor potencial de mejorar tu vida.

La decisión es tuya. Solo tú tienes el poder de transformar tu vida y convertir ese vacío que siempre has sentido en tu interior en una fuente inagotable de satisfacción y felicidad. No lo dejes para mañana. Decide hoy cuál será tu próximo paso y pasa a la acción.

La vida que deseas te está esperando.

¡Un abrazo!
Daniel

Muchas gracias de parte de mi chica Kathy, nuestro conejito Snoopy y mía, por supuesto ;)

Tu opinión es muy importante

Como autor independiente que soy, tu opinión es muy importante para mí y para futuros lectores como tú. Te estaría enormemente agradecido si me dejases **un comentario** en tu plataforma favorita diciéndome qué te ha parecido mi libro **para así poder seguir mejorándolo**:

- ¿Qué es lo que más te ha gustado?
- ¿Hay algo que hayas echado en falta?
- ¿A quién se lo recomendarías?
- ...

¡Un regalo solo para ti!

¿Te gustaría leer **mi próximo libro completamente GRATIS**? ¡Escanea el código que aparece debajo y **apúntate a mi club de lectores**!

Te esperan grandes sorpresas: sé el primero en leer mis nuevos lanzamientos, escucha mis audiolibros de forma gratuita, consigue copias firmadas y dedicadas... ¡y mucho más!

Otros libros de Daniel J. Martin

www.ingramcontent.com/pod-product-compliance
Ingram Content Group UK Ltd.
Pitfield, Milton Keynes, MK11 3LW, UK
UKHW042002190726
13854UKWH00005B/2135

9 789916 993705